建设开放包容、互联互通、共同发展的世界

——在第三届“一带一路”国际合作高峰论坛开幕式上的主旨演讲

（2023年10月18日）

习　近　平

人 民 出 版 社

建设开放包容、互联互通、共同发展的世界

——在第三届“一带一路”国际合作高峰论坛开幕式上的主旨演讲

（2023 年 10 月 18 日，北京）

中华人民共和国主席　习近平

尊敬的各位国家元首、政府首脑，

各位国际组织负责人，

各国代表，

各位来宾，

女士们，先生们，朋友们：

今天，我们在这里举行第三届“一带一路”国际合作高峰论坛开幕式。我谨代表中国政府

和中国人民，并以我个人的名义，对各位嘉宾表示热烈欢迎！

今年是我提出共建“一带一路”倡议10周年。提出这一倡议的初心，是借鉴古丝绸之路，以互联互通为主线，同各国加强政策沟通、设施联通、贸易畅通、资金融通、民心相通，为世界经济增长注入新动能，为全球发展开辟新空间，为国际经济合作打造新平台。

10年来，我们坚守初心、携手同行，推动“一带一路”国际合作从无到有，蓬勃发展，取得丰硕成果。

“一带一路”合作从亚欧大陆延伸到非洲和拉美，150多个国家、30多个国际组织签署共建“一带一路”合作文件，举办3届“一带一路”国际合作高峰论坛，成立了20多个专业领域多边合作平台。

“一带一路”合作从“大写意”进入“工笔画”阶段，把规划图转化为实景图，一大批标志性项目和惠民生的"小而美"项目落地生根。

"一带一路"合作从硬联通扩展到软联通。共商共建共享、开放绿色廉洁、高标准惠民生可持续，成为高质量共建"一带一路"的重要指导原则。

10 年来，我们致力于构建以经济走廊为引领，以大通道和信息高速公路为骨架，以铁路、公路、机场、港口、管网为依托，涵盖陆、海、天、网的全球互联互通网络，有效促进了各国商品、资金、技术、人员的大流通，推动绵亘千年的古丝绸之路在新时代焕发新活力。

奔行在铁路上的列车，驰骋在公路上的汽车，联通各国的空中航班，劈波斩浪的货轮，快捷方便的数字电商，成为新时代国际贸易的驼铃、帆影。

一座座水电站、风电站、光伏电站，一条条输油、输气管道，越来越智能通达的输电网络，让能源短缺不再是发展的瓶颈，让发展中国家绿色低碳发展的梦想得以点亮，成为新时代可持续发展的绿洲、灯塔。

现代化的机场和码头，通畅的道路，拔地而起的经贸产业合作园区，催生新的经济走廊，激发新的增长动力，成为新时代的商贸大道、驿站。

精彩纷呈的文化年、艺术节、博览会、展览会，独具特色的鲁班工坊、“丝路一家亲”、“光明行”等人文交流项目，不断深化的民间组织、智库、媒体、青年交流，奏响新时代的丝路乐章。

新冠疫情暴发后，“一带一路”成为生命之路和健康之路。中国向各国提供了上百亿个口罩和23亿剂疫苗，同20多个国家合作生产疫苗，为共建“一带一路”合作伙伴抗击疫情作出独特贡献。中国在疫情最严峻的时候也得到70多个国家的宝贵支持。

共建“一带一路”坚持共商共建共享，跨越不同文明、文化、社会制度、发展阶段差异，开辟了各国交往的新路径，搭建起国际合作的新框架，汇集着人类共同发展的最大公约数。

女士们、先生们、朋友们！

过去10年取得的成绩弥足珍贵，经验值得总结。

我们深刻认识到，人类是相互依存的命运共同体。世界好，中国才会好；中国好，世界会更好。通过共建“一带一路”，中国对外开放的大门越开越大，内陆地区从“后卫”变成“前锋”，沿海地区开放发展更上一层楼，中国市场同世界市场的联系更加紧密。中国已经是140多个国家和地区的主要贸易伙伴，是越来越多国家的主要投资来源国。无论是中国对外投资，还是外国对华投资，都彰显了友谊和合作，体现着信心和希望。

我们深刻认识到，只有合作共赢才能办成事、办好事、办大事。只要各国有合作的愿望、协调的行动，天堑可以变通途，“陆锁国”可以变成“陆联国”，发展的洼地可以变成繁荣的高地。经济发展快一些的国家，要拉一把暂时走在后面的伙伴。只要大家把彼此视为朋友和伙伴，相互尊重、相互支持、相互成就，赠人玫瑰则手有余香，成就别人也是帮助自己。把别人的发展视为威胁，把经济相互依存视为风险，不会让自己生活得更好、发展得更快。

我们深刻认识到，和平合作、开放包容、互学互鉴、互利共赢的丝路精神，是共建“一带一路”最重要的力量源泉。我曾经讲过，古丝绸之路之所以名垂青史，靠的不是战马和长矛，而是驼队和善意；不是坚船和利炮，而是宝船和友谊。共建“一带一路”注重的是众人拾柴火焰高、互帮互助走得远，崇尚的是自己过得好、也让别人过得好，践行的是互联互通、互利互惠，谋求的是共同发展、合作共赢。不搞意识形态对立，不搞地缘政治博弈，也不搞集团政治对抗，反对单边制裁，反对经济胁迫，也反对“脱钩断链”。

10 年的历程证明，共建“一带一路”站在了历史正确一边，符合时代进步的逻辑，走的是人间正道。我们要有乱云飞渡仍从容的定力，本着对历史、对人民、对世界负责的态度，携手应对各种全球性风险和挑战，为子孙后代创造和平、发展、合作、共赢的美好未来。

女士们、先生们、朋友们！

当前，世界之变、时代之变、历史之变正以前所未有的方式展开。中国正在以中国式现代化全面推进强国建设、民族复兴伟业。我们追求的不是中国独善其身的现代化，而是期待同广大发展中国家在内的各国一道，共同实现现代化。世界现代化应该是和平发展的现代化、互利合作的现代化、共同繁荣的现代化。前行道路上，有顺境也会有逆流。我们要坚持目标导向、行动导向，咬定青山不放松，一张蓝图绘到底。中方愿同各方深化“一带一路”合作伙伴关系,推动共建“一带一路”进入高质量发展的新阶段,为实现世界各国的现代化作出不懈努力。

在这里,我愿宣布中国支持高质量共建“一带一路”的八项行动:

一、构建“一带一路”立体互联互通网络。中方将加快推进中欧班列高质量发展,参与跨里海国际运输走廊建设,办好中欧班列国际合作论坛,会同各方搭建以铁路、公路直达运输为支撑的亚欧大陆物流新通道。积极推进“丝路海运”港航贸一体化发展,加快陆海新通道、空中丝绸之路建设。

二、支持建设开放型世界经济。中方将创建“丝路电商”合作先行区,同更多国家商签自由贸易协定、投资保护协定。全面取消制造业领域外资准入限制措施。主动对照国际高标准经贸规则,深入推进跨境服务贸易和投资高水平开放,扩大数字产品等市场准入,深化国有企业、数字经济、知识产权、政府采购等领域改革。中方将每年举办“全球数字贸易博览会”。未来5年(2024—2028年),中国货物贸易、服务贸易进出口额有望累计超过32万亿美元、5万亿美元。

三、开展务实合作。中方将统筹推进标志性工程和“小而美”民生项目。中国国家开发银行、中国进出口银行将各设立3500亿元人民币融资窗口,丝路基金新增资金800亿元人民币,以市场化、商业化方式支持共建“一带一路”项目。本届高峰论坛期间举行的企业家大会达成了972亿美元的项目合作协议。中方还将实施1000个小型民生援助项目,通过鲁班工坊等推进中外职业教育合作,并同各方加强对共建“一带一路”项目和人员安全保障。

四、促进绿色发展。中方将持续深化绿色基建、绿色能源、绿色交通等领域合作,加大对“一带一路”绿色发展国际联盟的支持,继续举办“一带一路”绿色创新大会，建设光伏产业对话交流机制和绿色低碳专家网络。落实“一带一路”绿色投资原则，到2030年为伙伴国开展10万人次培训。

五、推动科技创新。中方将继续实施“一带一路”科技创新行动计划，举办首届“一带一路”科技交流大会，未来5年把同各方共建的联合实验室扩大到100家，支持各国青年科学家来华短期工作。中方将在本届论坛上提出全球人工智能治理倡议，愿同各国加强交流和对话，共同促进全球人工智能健康有序安全发展。

六、支持民间交往。中方将举办“良渚论坛”，深化同共建“一带一路”国家的文明对话。在已经成立丝绸之路国际剧院、艺术节、博物馆、美术馆、图书馆联盟的基础上，成立丝绸之路旅游城市联盟。继续实施“丝绸之路”中国政府奖学金项目。

七、建设廉洁之路。中方将会同合作伙伴

发布《“一带一路”廉洁建设成效与展望》，推出《“一带一路”廉洁建设高级原则》，建立“一带一路”企业廉洁合规评价体系，同国际组织合作开展“一带一路”廉洁研究和培训。

八、完善“一带一路”国际合作机制。中方将同共建“一带一路”各国加强能源、税收、金融、绿色发展、减灾、反腐败、智库、媒体、文化等领域的多边合作平台建设。继续举办“一带一路”国际合作高峰论坛，并成立高峰论坛秘书处。

女士们、先生们、朋友们！

十年栉风沐雨，十年春华秋实。共建“一带一路”源自中国，成果和机遇属于世界。让我们谨记人民期盼，勇扛历史重担，把准时代脉搏，继往开来、勇毅前行，深化“一带一路”国际合作，迎接共建“一带一路”更高质量、更高水平的新发展，推动实现世界各国的现代化，建设一个开放包容、互联互通、共同发展的世界，共同推动构建人类命运共同体！

祝第三届“一带一路”国际合作高峰论坛圆满成功！

谢谢大家。

图书在版编目(CIP)数据

建设开放包容、互联互通、共同发展的世界:在第三届“一带一路”国际合作高峰论坛开幕式上的主旨演讲/习近平 著. —北京:人民出版社,2023.10

ISBN 978-7-01-026086-0

Ⅰ.①建… Ⅱ.①习… Ⅲ.①习近平-讲话②“一带一路”-国际合作 Ⅳ.①D2-0②F125

中国国家版本馆 CIP 数据核字(2023)第 200549 号

(RMC-ZJDXI-137-20231018)

建设开放包容、互联互通、共同发展的世界

JIANSHE KAIFANG BAORONG HULIAN HUTONG GONGTONG FAZHAN DE SHIJIE

——在第三届“一带一路”国际合作高峰论坛开幕式上的主旨演讲

(2023 年 10 月 18 日)

习 近 平

人民出版社 出版发行

(100706 北京市东城区隆福寺街 99 号)

北京新华印刷有限公司印刷 新华书店经销

2023 年 10 月第 1 版 2023 年 10 月北京第 1 次印刷

开本:880 毫米×1230 毫米 1/32 印张:0.5

字数:6 千字

ISBN 978-7-01-026086-0 定价:2.50 元

邮购地址 100706 北京市东城区隆福寺街 99 号

人民东方图书销售中心 电话 (010)65250042 65289539